PARAMAHANSA YOGANANDA
(1893 – 1952)

Att leva utan rädsla

TAG FRAM
DIN INRE
SJÄLSSTYRKA

Ett urval av Paramahansa Yoganandas
föredrag och skrifter

OM DENNA BOK: *Att leva utan rädsla – Ta fram din inre Själsstyrka* är ett urval av Paramahansa Yoganandas skrifter, föredrag och informella tal. De publicerades ursprungligen i hans böcker, i artiklar i *Self-Realization* (den tidskrift han grundade 1925), i de antologierna med hans samlade tal och essäer samt i andra publikationer från Self-Realization Fellowship.

Originalets titel på engelska publicerat av
Self-Realization Fellowship, Los Angeles (Kalifornien):
Living Fearlessly:
Bringing Out Your Inner Soul Strength

ISBN: 978-0-87612-469-7

Översatt till svenska av Self-Realization Fellowship

Copyright © 2025 Self-Realization Fellowship

Alla rättigheter förbehålls. Med undantag av korta citat i bokrecensioner får ingen del av *Att leva utan rädsla - Ta fram din inre Själsstyrka (Living Fearlessly - Bringing Out Your Inner Soul Strength)* reproduceras, lagras, överföras eller visas i någon form (elektronisk, mekanisk eller annan) som existerar idag eller i framtiden – omfattande fotokopiering, inspelning eller något annat system för åtkomst eller informationslagring – utan skriftlig tillåtelse i förväg av Self-Realization Fellowship, 3880 San Rafael Avenue, Los Angeles, California 90065-3219, U.S.A.

 Auktoriserad av International Publications Council of Self-Realization Fellowship

Self-Realization Fellowships namn och emblem (som visas ovan) återfinns på alla SRF:s böcker, inspelningar och andra publikationer, vilket garanterar läsaren att verket har sitt ursprung i den organisation Paramahansa Yogananda skapade och som troget följer hans undervisning.

Första svenska upplagan, 2025
First edition in Swedish, 2025
Denna tryckning, 2025
This printing, 2025

ISBN: 978-0-87612-895-4

1127-J6599

I En Yogis Självbiografi, återberättade Paramahansa Yogananda följande samtal med sin guru Swami Sri Yukteswar:

"Guruji, kan jag få höra några historier från er barndom?"

"Jag ska berätta några få – var och en med en sensmoral!" Sri Yukteswars ögon tindrade.

"En gång försökte min mor skrämma mig med en hemsk historia om ett spöke i en mörk kammare. Jag begav mig genast dit och uttryckte min besvikelse över att ha missat spöket. Mor berättade aldrig mer en spökhistoria för mig.

Sensmoral: Se rädslan i vitögat och den kommer sluta besvära dig."

INNEHÅLL

Gör ditt liv till ett Gudomligt äventyr............................ 1

Tankar för den orädda Själen.. 9

Praktiska botemedel mot rädsla och oro..................... 12

Befria sinnet från rädslans störningar.......................... 16

Det orädda sinnet och den sunda kroppen 24

Må jag besegra rädslan.. 26

Befria medvetandet från oro 28

Lejonet som blev ett får.. 37

Jagets okuvliga lejon.. 42

Vägen till bestående mod:
    Upplev din odödlighet genom meditation 44

Finn en inre förvissning om att Gud är med dig 53

Oräddhet innebär tillit till Gud...................................... 60

Epilog:
    "Stå orubblig mitt i kraschen
    av sammanstörtande världar" 68

Att leva utan rädsla

GÖR DITT LIV TILL ETT GUDOMLIGT ÄVENTYR[1]

Livet är det största äventyr man kan föreställa sig. Fastän vissa liv kan tyckas vara ganska händelsefattiga, är andra fyllda av enastående upplevelser... Likväl är utforskandet av Själens natur det allra största äventyret i universum...

Bli din egen vän genom att hävda din Gudomliga natur

En spännande upplevelse med vilda djur i Sydafrika är ingenting jämfört med livets eget äventyr. Ingen berättelse genom historien är lika fängslande. Människan med sin intelligens vet hur man skyddar sig mot farliga djur.

---

[1] Utdrag ur "Man's Greatest Adventure", ett föredrag hållet vid Self-Realization Fellowships internationella huvudkontor i Los Angeles. Föreläsningen återges i sin helhet i *Man's Eternal Quest* (Paramahansa Yogananda's *Collected Talks and Essays, Volume I*).

Att leva utan rädsla

Däremot vet hon inte hur man försvarar sig mot sina egna dåliga vanor och skadliga beteenden. Människans största fiende är hon själv. Mer än personliga eller nationella fiender, mer än bakterier, bombangrepp eller andra hot bör hon, när hon har fel, frukta sig själv. Att förbli okunnig om sin gudomliga natur och att bli övermannad av dåliga vanor är att göra sig själv till sin egen fiende. Bästa sättet att bli framgångsrik i detta livsäventyr är att vara sin egen vän. Krishna sa: "Självet är det transformerade självets vän, men det förhärdade självets ovän."[2]

De subtila fienderna

Vi kan lätt föreställa oss hur vi ger oss iväg för att upptäcka ett vilt och okänt land. Färdas vi till sjöss vill vi ha med en livbåt. Skulle fartyget sjunka, vet vi då att vi kan använda denna lilla farkost för att rädda oss själva. Men som så ofta i tillvaron tycks det finnas en läcka i vår livbåt, vilka försiktighetsåtgärder vi än vidtagit.

[2] Bhagavad Gita VI:6.

Gör ditt liv till ett gudomligt äventyr

I en djungel kan man skydda sig ganska väl mot alla djur. Men subtila faror är svårare att övervinna. Hur ska man försvara sig mot den störtflod av bakterier som hela tiden flyter runt omkring oss? Naturen bildar en mur av celler som håller dem tillbaka, men den är effektiv bara så länge kroppen kan upprätthålla sitt motstånd. Denna kamp pågår oavbrutet i den osynliga djungeln av liv inom oss!...

För att färdas säkert genom livets djungel, måste du utrusta dig med lämpliga vapen... Den kloke, som är beväpnad för alla former av krigföring – mot sjukdom, mot öde och karma, mot alla destruktiva tankar och vanor – avgår med segern i detta äventyr. Det krävs försiktighet, men också användandet av särskilda metoder för att besegra våra fiender...

Gud har givit oss ett fantastiskt instrument till skydd - kraftfullare än maskingevär, elektricitet, giftgas eller någon medicin – vårt sinne. Det är sinnet som måste stärkas... En viktig del i livets äventyr är att fånga upp sinnet, kontrollera det och hålla det konstant intonat med Gud. Detta är hemligheten med en lycklig och framgångsrik tillvaro... Vilket uppnås genom att utöva sinnesstyrka och genom att ställa in sinnet på Gud i meditation... Enklaste sättet att besegra sjukdomar, besvikelser och olyckshändelser är att alltid vara intonad med Gud.

Den högsta hjälpen kommer genom intoning med Anden

Vi är som små barn i livets skog som, när vi snubblar ner i fallgropar av sjukdom och felaktiga vanor, tvingas lära oss av våra erfarenheter och problem. Gång på gång måste vi höja rösten och ropa på hjälp. Men den Högsta hjälpen kommer genom att vi tonar in med Anden.

Närhelst du har problem, be: "Herre, Du är i mig och runt omkring mig. Jag är i skydd av Din närvaros borg. Jag har kämpat genom livet, omgiven av många slags dödliga fiender. Jag inser nu att de egentligen inte är till för att förgöra mig. Du satte mig på jorden för att testa mina krafter. Jag går igenom dessa prövningar enbart för att visa mig värdig. Jag är redo att bekämpa det onda som omger mig. Jag ska övervinna det genom Din närvaros allmakt. Och när jag gått igenom detta livsäventyr ska jag säga: 'Herre, det var svårt att vara modig och kämpa, men ju större min rädsla, desto större blev min inneboende kraft - den Du gav mig och genom vilken jag segrade och insåg att jag är skapad till Din avbild. Du är Kungen av detta universum och jag är Ditt barn, en prins av universum. Vad har jag att vara rädd för?'"

Så snart du inser att du fötts till människa har du allt att frukta. Det tycks inte finnas någon räddning. Vilka försiktighetsåtgärder du än vidtar, väntar alltid ett felsteg någonstans. Din enda trygghet är i Gud. Vare sig du befinner dig i Afrikas djungel eller i krig, plågas av sjukdom eller fattigdom, säg med förtröstan till Gud: "Jag färdas i Din närvaros bepansrade vagn som rullar fram över livets slagfält. Jag är skyddad."

Det finns inget annat sätt att vara säker. Använd sunt förnuft och lita helt och fullt på Gud. Jag föreslår inga konstigheter. Jag uppmanar dig till att, vad som än händer, bekräfta och tro på denna sanning: "Herre, endast Du kan hjälpa mig." Så många har hamnat i hjulspår av sjukdom och dåliga vanor och inte kunnat ta sig upp. Säg aldrig att du saknar en utväg. Din olycka är bara tillfällig. Misslyckande i ett liv är inte en måttstock på om du är framgångsrik eller inte. Attityden hos en segrare är mod: "Jag är ett Guds barn. Jag har inget att frukta." Så var inte rädd. Liv och död är bara olika skeenden i ditt medvetande.

Tag fram den begravda
själens odödlighet inom dig

Allt vad Gud har skapat är till för att pröva oss och för att ta fram den begravda själens odödlighet inom oss. Detta är livets äventyr, det enda målet. Och allas äventyr är olika, unika. Var redo att ta itu med dina kroppsliga, psykiska och själsliga problem genom sunt förnuft och tro på Gud - med vetskapen om att din själ förblir obesegrad, såväl i livet som efter döden. Du kan aldrig dö. "Inga vapen kan genomtränga själen, ingen eld bränna den, inget vatten dränka den, inte heller kan någon vind få den att vittra sönder. Själen är tidlös, överallt genomsyrande, evigt lugn och oföränderlig."[3] Du är för alltid en avbild av Anden.

Är det inte befriande för sinnet att veta att döden inte kan förgöra oss? När sjukdom kommer och kroppen slutar fungera tror själen: "Jag är död!" Men Herren ruskar om själen och säger: "Vad är det med dig? Du är inte död. Tänker du inte?" En soldat trampar på en mina som spränger hans kropp. Hans själ ropar: "Åh Herre, jag har dött!" Och Gud svarar: "Självklart inte! Talar du inte med Mig? Ingenting kan förstöra dig, Mitt barn. Du drömmer." Då inser själen: "Det där var ju inte så skrämmande. Det var bara mitt tillfälliga, jordiska medvetande av att vara en fysisk kropp som fick mig att tro att allt var slut. Jag hade glömt att jag är den eviga själen."

Målet för vårt Livsäventyr

Sanna yogis kan kontrollera sinnet under alla omständigheter. När detta stadie är uppnått är du fri.

[3] Bhagavad Gita II:23-24.

Att leva utan rädsla

Då vet du att livet är ett gudomligt äventyr, vilket Jesus och andra stora själar har bevisat...

Du kommer att avsluta ditt livsäventyr först när du besegrat dess faror genom din viljestyrka och sinneskraft, såsom de Stora Själarna har gjort. Då kan du se tillbaka och säga: "Herre, det där var en rätt obehaglig upplevelse. Jag var nära att misslyckas, men nu är jag trygg i Din närvaro för alltid."

Vi kan se livet som ett underbart äventyr när Gud slutligen säger: "Alla de hemska upplevelserna är över. Jag är med dig för all framtid. Ingenting kan skada dig."

Människan leker i livet som ett barn, men hennes sinne stärks av att bekämpa sjukdom och bekymmer. Allt som försvagar sinnet är din värsta fiende och allt som stärker det är din fristad. Skratta åt alla svårigheter som dyker upp... Vet att du är evig i Gud.

TANKAR FÖR
DEN ORÄDDA SJÄLEN

När man går igenom livets svårigheter och prövningar, kan man ofta bli upprorisk: "Varför skulle det här hända mig?" Tänk istället på varje prövning som en hacka med vilken du kan gräva i myllan av ditt medvetande och frigöra den fontän av andlig styrka som finns där under. Varje test syftar till att ta fram den gömda kraft du har inom dig, som ett Guds barn skapad till Hans avbild.

Våra prövningar är inte avsedda att förgöra oss. Endast ynkryggar som inte vill se den alltigenom perfekta inre avbilden av Gud, blir upproriska och kapitulerar inför sina motgångar som om de vore oövervinnerliga, förgörande krafter.

Du är ett Guds barn. Vad har du att frukta?

Att leva utan rädsla

———•———

Låt under inga omständigheter rädsla ta kontroll över ditt sinne och din viljestyrka. Så fort rädsla uppstår, se den rakt i ansiktet. Försök avlägsna den yttre orsaken och vidta steg för att ingjuta mod i sinnet och övervinna oron.

———•———

Kultivera oavbrutet själens odödliga kraft genom meditation och kontakt med Gud och använd den kraften i alla svåra situationer.

———•———

Det finns alltid en väg ut ur dina bekymmer. Om du tar dig tid att tänka klart och fundera på hur du blir av med orsaken till din ångest i stället för att bara känna oro - blir du en mästare.

———•———

Varför inte själv snurra livets hjul i stället för att låta det köra över dig?

———•———

Affirmera alltid: "Inget kan skada mig. Inget kan rubba mig." Inse att du är lika bra som den bästa och lika mäktig som den starkaste. Du måste ha större tillit till dig själv.

———•———

Den som känner tillit till det gudomliga i sin egen själ - sin sanna natur - och som hyser kärlek till Gud och förlitar sig på Hans allmakt, blir snabbt fri från sitt lidande... Trons ljus leder medvetandet från förgänglighetens mörka värld in i odödlighetens kungarike.

———•———

Tro innebär kunskap och övertygelse om att vi är skapade till Guds avbild. När vi är intonade med Hans medvetande inom oss, kan vi skapa världar. Kom ihåg: I din vilja vilar den allsmäktiga Gudskraften.

PRAKTISKA BOTEMEDEL MOT RÄDSLA OCH ORO

Många kommer till mig för att tala om sina bekymmer. Jag uppmanar dem att sitta i stillhet, meditera och be och - när ett inre lugn breder ut sig - tänka på alternativa sätt att lösa eller undanröja problemet. När sinnet är lugnt i Gud, när tron på Gud är stark, kommer de att finna en lösning. Att ignorera problemen löser ingenting, men det hjälper inte heller att oroa sig för dem.

Meditera tills du känner dig lugn. Rikta sedan tankarna mot problemet och be intensivt om Guds hjälp. Koncentrera dig på problemet och du kommer att hitta en lösning utan att behöva plågas av oro...

Kom ihåg: Att meditera på Gud tills du känner ett inre lugn är bättre än miljontals intellektuella resonemang. Säg då till Honom: "Jag kan inte ensam lösa mitt problem, inte ens om jag tänker en zillion olika tankar.

Praktiska botemedel mot rädsla och oro

Men jag kan hitta en utväg genom att först lägga det i Dina händer, be om Din vägledning och sedan fundera ut olika vinklar för en möjlig lösning."

Gud hjälper dem som hjälper sig själva. När ditt sinne är lugnt och fyllt av tillit efter att ha bett till Gud under meditation, kommer du att se olika svar på dina problem och kan välja den bästa lösningen. Följ den och du blir framgångsrik. Detta är att vetenskapligt tillämpa religion i ditt dagliga liv.

Precis som en magnet drar till sig en bit järn, skapar rädsla en destruktiv magnetism med vilken den drar till sig det vi fruktar. Rädsla intensifierar och förstorar hundrafalt vår kroppsliga smärta och mentala plåga och är skadlig för hjärta, nervsystem och hjärna. Den paralyserar vår mentala initiativförmåga - vårt mod, omdöme, förnuft, viljekraft och självbevarelsedrift. Den förgiftar livlig fantasi och känslighet och påverkar därigenom det undermedvetna sinnet så att det fullständigt besegrar viljan hos det medvetna. Den kastar en slöja över intuitionen och täcker det naturliga självförtroende som intuitivt flödar från den oövervinnerliga själen...

När du utsätts för risken att skadas, kväv då inte ditt medvetna, all-producerande inre maskineri med mental rädsla. Använd istället din fruktan som ett stimuli för att manipulera denna inre medvetande-maskin till att skapa ett mentalt redskap som snabbt avlägsnar orsaken till rädslan. Dessa mentala redskap för avlägsnande av rädsla, är så många att de måste specialtillverkas i den inre medvetande-maskinen utefter varje individs specifika behov. Så när du hotas av en fara eller en smärtsam upplevelse - sitt inte med armarna i kors utan agera lugnt, agera snabbt, *men gör något!* Uppbåda all din viljekraft och omdöme. Viljestyrkan är ångan eller motivationen som håller igång handlingskraftens maskineri.

Utrota fruktan inifrån genom att fokusera på mod

Rädsla för misslyckande eller sjukdom odlas när man ältar sådana tankar i sitt medvetna sinne tills de får fäste i det undermedvetna, och slutligen

Praktiska botemedel mot rädsla och oro

i det övermedvetna. Därefter börjar den över- och undermedvetet rotade rädslan att gro och fylla det medvetna sinnet med plantor av fruktan - vilka inte är lika lätta att utrota som det ursprungliga tanke-fröet. Med tiden kommer dessa frön efterhand att utveckla sina giftiga och dödsbringande frukter.

Om du med din medvetna vilja inte förmår jaga bort en ihållande oro för sjukdom eller misslyckande, kan du skingra tankarna genom att läsa intressanta böcker som upptar din uppmärksamhet, eller rentav ägna dig åt oskyldiga nöjen. Då kommer sinnet att glömma och sluta förfölja sig självt med rädsla. Plocka därefter fram dina mentala redskap och avlägsna, ur vardagslivets mylla, grundorsakerna till misslyckande och sjukdom.

Utrota dem inifrån genom att kraftfullt fokusera på mod och flytta medvetandet till Guds fullkomliga frid inom dig. När du mentalt klarat av att utrota rädslans negativa väsen, är nästa steg att fokusera på positiva metoder för att uppnå välstånd och god hälsa.

BEFRIA SINNET FRÅN RÄDSLANS STÖRNINGAR[4]

När du ska ställa in en radiostation kan det komma in brus som stör programmet du vill lyssna på. På samma sätt kan "brus" hindra dig när du i hjärtat försöker uppnå personliga förändringar. Detta brus är dina dåliga vanor.

Rädsla är en annan form av brus som påverkar din sinnes-radio. Liksom goda och dåliga vanor kan rädslan antingen vara konstruktiv eller destruktiv. Antag att en kvinna säger: "Min man blir inte glad om jag går ut i kväll, därför stannar jag hemma." Det betyder att hon är motiverad av kärleksfull ängslan, vilket är konstruktivt. Kärleksfull rädsla och undergiven rädsla är två olika tillstånd. Den kärleksfulla rädsla jag talar om innebär

[4] Utdrag ur "Eliminating the Static of Fear From the Mind Radio", en föreläsning hållen i Self-Realization Fellowship Temple, Encinitas, Kalifornien. Föreläsningen återges i sin helhet i *Man's Eternal Quest* (Paramahansa Yogananda's *Collected Talks and Essays, Volume I*).

att man undviker att såra andra i onödan. Undergiven rädsla däremot, förlamar viljan. Familjemedlemmar bör endast hysa kärleksfull ängslan och aldrig vara rädda för att säga sanningen till varandra. Att plikttroget utföra handlingar eller ge upp sina egna önskningar av kärlek till en annan människa är mycket bättre än att göra detta utifrån rädsla. När du avstår från att bryta gudomliga lagar ska det vara av kärlek till Gud, inte av rädsla för straff.

Rädsla kan inte tränga in i ett stilla hjärta

Rädsla uppkommer i hjärtat. Om du överväldigas av oro för sjukdom eller olycka ska du andas in och ut - djupt, långsamt och rytmiskt flera gånger och slappna av med varje utandning. Detta hjälper blodcirkulationen att bli normal. Om ditt hjärta är verkligt stilla känner du ingen rädsla alls.

Ängslan väcks i hjärtat genom medvetenheten om smärta - rädsla är följaktligen beroende av någon tidigare upplevelse. Kanske föll du en gång och bröt benet och lärde dig då att vara rädd för att det ska upprepas. När du håller fast vid en sådan ängslan, förlamas din vilja liksom dina nerver och du kan rentav återigen ramla och bryta benet. Dessutom, när hjärtat paralyseras av rädsla, sänks motståndskraften och sjukdomsframkallande bakterier får möjlighet att invadera kroppen.

Var försiktig, men inte rädd

Det finns nästan ingen som inte är rädd för sjukdom. Rädsla gavs till människan som en varningsanordning för att bespara henne smärta. Den är inte avsedd att odlas eller missbrukas. Överdriven rädsla hindrar bara våra ansträngningar att avvärja svårigheter.

Att vara försiktig är klokt. Som när du, medveten om vad som är nyttigt, säger till dig själv: "Jag avstår från den där tårtbiten eftersom den inte är bra för mig." Ogrundad oro däremot, är orsak till ohälsa - det är den verkliga bakterien för alla sorters sjukdomar. Skräck för sjukdom framkallar sjukdom. Genom själva tanken på sjukdomen drar du den till dig. Om du konstant är rädd

Befria sinnet från rädslans störningar

för att bli förkyld blir du mer mottaglig för smittan, oavsett vad du gör för att förhindra den.

Förlama inte din vilja och dina nerver med rädsla. När du låter oro övermanna din viljekraft hjälper du till att skapa just det som skrämmer dig.

Undvik även att, mer än vad som är nödvändigt och hänsynsfullt, umgås med människor som ständigt diskuterar sina egna och andras krämpor och sjukdomar. Detta ältande av ämnet riskerar att så frön av oro inom dig. De som är oroliga över att drabbas av tuberkulos, cancer eller hjärtbesvär bör göra sig av med denna rädsla så att den inte framkallar det ovälkomna tillståndet.

De redan sjuka och skröpliga behöver ha en så behaglig omgivning som möjligt - omgivna av starka och entusiastiska människor som kan inspirera dem till positiva tankar och känslor. Tanken har stor kraft. De som arbetar på sjukhus blir sällan sjuka. De har en trygg grundinställning och vitaliseras av sin energi och motståndskraftiga tankar.

Av detta skäl bör du inte berätta för andra om din ålder. Så snart du gör det, ser de den åldern i dig och förknippar den med avtagande hälsa och vitalitet. Tanken på tilltagande ålder skapar oro, vilket försvagar dig. Så behåll den för dig själv. Säg till Gud: "Jag är odödlig. Jag har välsignats med privilegiet att ha god hälsa och jag tackar Dig."

Sålunda, var försiktig men inte rädd. Förebygg genom att då och då göra en utrensande diet så att alla eventuella sjukdomstillstånd i kroppen försvinner. Gör vad du kan för att utrota orsakerna till ohälsa och var sedan totalt orädd. Det finns så mycket bakterier överallt att om du började oroa dig för dem, skulle du inte kunna njuta av livet överhuvudtaget. Trots alla dina sanitära försiktighetsåtgärder skulle du, om du kunde betrakta ditt hem genom ett mikroskop, totalt tappa aptiten.

Tekniker för att avleda rädsla

Vad du än fruktar, ta bort dina tankar från det och överlämna det till Gud. Ha tillit till Honom. Mycket lidande beror helt enkelt på oro. Varför lida nu, innan sjukdomen ens uppkommit? Eftersom de flesta av

Befria sinnet från rädslans störningar

våra åkommor uppstår på grund av rädsla, blir du fri i samma ögonblick du släpper tag om den. Helandet sker omedelbart.

Varje kväll innan du somnar, affirmera: "Den Gudomlige Fadern är med mig, jag är skyddad." Föreställ dig att du är omgiven av Anden och Hans kosmiska energi och tänk: "Alla bakterier som angriper mig förintas." Chanta *"Aum"*[5] eller ordet "Gud" tre gånger. Det kommer att skydda dig. Var orädd - det är enda sättet att hålla sig frisk. Om du kommunicerar med Gud flödar Hans sanning till dig med insikten om att du är den odödliga själen.

Närhelst du känner dig rädd, lägg handen mot huden över hjärtat. Stryk från vänster till höger och

---

[5] I Indiens skrifter är *Aum (Om)* alla ljuds ursprung – det universella symbolordet för Gud. *Aum* i Vedaskrifterna blev det heliga ordet *Hum* för Tibetanerna, *Amin* för muslimerna och *Amen* för egyptierna, grekerna, romarna, judarna och de kristna. *Amen* betyder *säker, trofast,* på hebreiska. *Aum* är det allomfattande ljudet som kommer från Helig Ande (den osynliga Kosmiska Vibrationen/Gud i sin aspekt som Skapare), Bibelns "Ordet" – skapelsens röst som vittnar om den Gudomliga Närvaron i varje atom. I *Self-Realization Fellowships Lektioner* lär Paramahansa Yogananada ut de meditationstekniker som ger direkt upplevelse av Gud som *Aum* eller Helig Ande. Denna euforiska kommunikation med den osynliga Gudomliga Kraften ("Hjälparen, som är den Helige Anden" – Johannes 14:26) är den sanna vetenskapliga grunden för bön.

säg: "Fader, jag är fri. Avlägsna denna rädsla från mitt hjärta." Precis som när du tonar in en radiokanal så att bruset försvinner, kan du avlägsna rädsla genom att gång på gång föra handen från vänster till höger över hjärtat, samtidigt som du koncentrerar dig på tanken att du vill utestänga rädslan. Den kommer då att försvinna och Guds glädje uppenbaras.

Rädsla försvinner med Gudskontakt

Rädslan jagar dig ständigt. Endast kontakt med Gud kan få den att upphöra. Varför vänta? Genom yoga kan du kommunicera med Honom...

När jag slog in på den här vägen var mitt liv till en början kaotiskt, men jag fortsatte att försöka och saker och ting ordnade upp sig på ett underbart sätt. Allt som hände visade mig att Gud *är* och att vi kan lära känna honom i det här livet. När du själv finner Gud - vilken tillförsikt och oräddhet du då kommer att uppleva! Allt annat blir oviktigt, ingenting kan längre skrämma dig. Det var därför Krishna uppmanade Arjuna att utan fruktan ge sig ut på livets slagfält och bli andligt segerrik: "Giv ej vika för vekhet, det anstår dig icke. Du Fiendens Förgörare, fördriv denna lilla svaghet. Upp till kamp!"[6]

---

[6] Bhagavad Gita II:3.

DET ORÄDDA SINNET OCH DEN SUNDA KROPPEN

En återberättelse av en traditionell fabel

En sen natt satt en helig man och mediterade när han plötsligt såg den fruktade smittkoppssjukans vålnad komma in i byn där han bodde. "Stopp där, herr Vålnad!" ropade han. "Gå din väg. Du får inte ofreda en stad där jag tillber Gud."

"Jag ska bara ta tre personer", svarade vålnaden. "Det är min kosmiska, karmiska plikt." Sorgset nickade den helige mannen sitt bifall.

Nästa dag dog tre personer av smittkoppor. Men dagen därpå avled ytterligare några och med tiden dukade allt fler bybor under för den förskräckliga sjukdomen. Förvissad om att han blivit förd bakom ljuset, mediterade den helige mannen djupt. Han kallade till sig vålnaden och förebrådde den.

"Herr Vålnad, ni lurade mig. Ni sa inte sanningen när ni påstod att ni bara skulle ta tre personer med era smittkoppor."

Men vålnaden svarade: "Vid den Store Anden, jag svär att jag talade sanning."

Den helige mannen stod på sig. "Du lovade att bara ta tre personer, men otaliga har dukat under för sjukdomen."

"Jag tog bara tre", sa vålnaden. "De övriga dödade sig själva med fruktan."

Du måste rekonstruera ditt sinne - befria det från tanken på sjukdom. Du är den osårbara Anden, men nu är det din kropp som styr sinnet. Det är sinnet som ska styra kroppen...

Vad är du rädd för? Du är en odödlig varelse. Du är varken man eller kvinna, vilket du kanske tror, utan en själ fylld av glädje - evig.

MÅ JAG BESEGRA RÄDSLAN

(En bön)

Lär mig övervinna rädsla genom att förstå dess oduglighet. Må jag ej bedöva min obegränsade förmåga att, som Ditt barn, framgångsrikt möta livets alla prövningar.

Befria mig från förlamande fruktan. Må jag ej visualisera olyckor och katastrofer så att jag, genom tankens kraft, bjuder in dem att materialisera sig.

Inspirera mig att sätta min tillit till Dig och ej endast i mänskliga försiktighetsåtgärder. Jag kan tryggt vandra där kulor viner eller där dödliga bakterier finns i överflöd, om jag förstår att Du alltid är med mig.

Må jag aldrig darra inför tanken på döden. Hjälp mig att minnas att till denna kropp kommer Liemannen endast en gång och genom Hans godhet ska jag - när min tid är inne - inte märka något, inte heller bry mig.

Må jag besegra rädslan

Lär mig, Oändliga Ande! att vare sig jag är vaken eller sovande, alert eller dagdrömmande, levande eller döende, omges jag av Din all-beskyddande närvaro.

- ur *Whispers from Eternity*

BEFRIA MEDVETANDET FRÅN ORO[7]

Oro är ett psykofysiologiskt medvetandetillstånd som fängslar oss i känslor av hjälplöshet och tvivel över svårigheter som vi inte vet hur vi ska bli av med. Kanske är du allvarligt bekymrad för ditt barn, din hälsa eller din nästa avbetalning. Om du inte omedelbart hittar en lösning börjar du oroa dig för situationen. Och vad blir resultatet? Huvudvärk, nervositet, hjärtbesvär. Eftersom du inte tydligt analyserar dig själv och dina problem vet du inte hur du ska kontrollera dina känslor eller de omständigheter som utmanar dig. Så i stället för att slösa tid på oro - tänk positivt på hur roten till problemet kan avlägsnas. Om du vill bli kvitt en svårighet ska du först lugnt analysera situationen och

---

[7] Utdrag ur ett tal framfört i Self-Realization Fellowship Temple, Encinitas, Kalifornien. Hela talet återges i sin helhet i *The Divine Romance* (Paramahansa Yogananda's *Collected Talks and Essays, Volume II*).

Befria medvetandet från oro

definiera alla för- och nackdelar, punkt för punkt. Besluta sedan vilka steg som bör tas för att bäst uppnå målet.

Möt ekonomiska svårigheter med frimodighet och kreativitet

Om du saknar pengar känner du dig övergiven - hela tillvaron tycks vara upp och ner. Men att oroa sig löser ingenting. Säg beslutsamt till dig själv: "Jag ska riva upp himmel och jord för att få min andel. Inte förrän världen tillmötesgått mina behov tänker jag hålla tyst." Varje människa som har utfört ett arbete, om så endast rensat ogräs, har gjort något meningsfullt på jorden. Varför skulle då inte alla få sin rättmätiga del av dess rikedomar? Ingen ska behöva svälta eller bli utelämnad.

Minns det jag säger: Världens nuvarande ekonomiska system kommer att försvinna. Pengar skapar ett maktbegär, vilket alltför ofta gör innehavaren likgiltig inför andras lidanden. Att samla en förmögenhet är inte fel om den välbärgade personen också har en önskan att hjälpa andra. Pengar är en välsignelse om de innehas av osjälviska människor, men en förbannelse i händerna på egoister. Jag kände en man i Philadelphia som var god för tio miljoner dollar, men istället för lycka medförde det bara elände. Han kunde inte ens bjuda på en kopp kaffe. Guld gavs till oss för att vi ska använda det, men det tillhör ingen annan än den Gudomliga Anden. Varje Guds barn har rätt att disponera Hans guld. Du ska inte bry dig om dina misslyckanden eller ge upp dina rättigheter.

Du är ett Guds barn, men du har gjort dig själv till en tiggare. Har du övertygat dig själv om att du är en hjälplös dödlig varelse och låtit andra intala dig att du inte kan få ett jobb - då har du dömt dig själv till nederlag. Det är inte ett straff från Gud eller ödet, utan din egen självuppfattning som gör att du är fast i fattigdom eller oro. Framgång eller misslyckande avgörs i ditt eget sinne.

Trots samhällets negativa inverkan kan du, med hjälp av din Gudagivna oövervinnliga vilja, plocka fram övertygelsen om att du inte längre ska behöva lida. Du kommer då att känna en gömd andlig kraft välla upp inom dig och du inser att den magnetiska styrkan i denna energi och övertygelse öppnar upp helt nya vägar.

Sörj inte över ditt nuvarande tillstånd och känn ingen oro. Om du vägrar att oroa dig och gör den rätta ansträngningen, kommer du att förbli lugn och utan tvivel finna en väg att nå ditt mål.

Kom ihåg att varje gång du oroar dig aktiverar du en mental broms och när du kämpar emot den anstränger du hjärtat och sinnet. Du skulle aldrig försöka köra bil med foten på bromsen eftersom du vet att motorn tar allvarlig skada. Oron är bromsklossen på hjulen för dina ansträngningar - den orsakar en tvärnit. Ingenting är omöjligt, såvida du inte tror att det är så. Oro kan övertyga dig om att det är omöjligt att göra det du vill.

Att oroa sig är slöseri med tid och energi. Använd i stället ditt förstånd till positiva ansträngningar. Det är bättre att vara en handlingskraftig materialistisk människa som uträttar något, än att vara lat. Den slöa människan överges av både människor och Gud. Många förmögenheter har skapats av företagsamma personer, men låt inte pengar utgöra en måttstock på framgång. Ofta är det inte pengarna i sig, utan den kreativa förmågan att förtjäna dem som skänker tillfredsställelse.

Ett gott samvete:
Nyckeln till ett liv utan rädsla

Det är dåraktigt att försöka fly från sina bekymmer. De kommer att följa dig vart du än går. Du måste lära dig att möta dina problem utan rädsla och med ett rent samvete, som jag har gjort. Jag ber inte längre för min själ eller min kropp eftersom jag fått evig försäkran från Gud. Det är tillräckligt. För mig skulle det vara att tvivla om jag bad. Mitt samvete är rent, för jag har inte gjort orätt mot någon mänsklig varelse. Jag vet att detta är sant. Att kunna säga till sig själv "jag har inte gjort orätt mot någon", är att vara den lyckligaste människan på jorden...

Var allas vän. Även om din kärlek och ditt förtroende sviks av några, bry dig inte om det. Var alltid dig själv. Du är den du är. Detta är det enda ärliga sättet att leva. Även om ingen vill vara din vän, bör du vara allas vän - utan att förvänta dig något i gengäld. Jag förstår och älskar alla, men jag räknar aldrig med att någon ska vara min vän och förstå mig. Med denna princip som ledstjärna lever jag i fred med mig själv och omvärlden och känner aldrig någon orsak till oro.

Vänskapens skatt är din värdefullaste ägodel eftersom den följer dig bortom detta liv. Alla dina sanna vänner kommer du att få återse i Faderns hus, för äkta kärlek går aldrig förlorad. Å andra sidan försvinner inte heller hat. Allt du hatar drar du till dig, gång på gång, tills du har kommit över den intensiva motviljan...

Du ska inte ens hata dina fiender. Ingen är alltigenom dålig. Om du hör någon spela på ett piano med en trasig tangent är du beredd att döma ut hela instrumentet. Men felet ligger bara i en enda tangent. Reparera den och pianot är i fullgott skick. Gud bor inom alla sina barn. Att hata någon är att förneka Honom i dig själv och i andra. Den här jorden är Guds laboratorium. Vi bränner oss själva i de jordiska upplevelsernas eld så att vår gudomliga odödlighet, vilken legat begravd under skräpet i vårt medvetande, återigen kan visa sig. Älska alla, håll dina åsikter för dig själv och oroa dig inte.

Överlämna dina bekymmer till Gud. När du oroar dig är det din egen begravning du arrangerar. Inte vill du väl bli levande begravd av din ängslan! Varför ska du dagligen plågas och dö på grund av oro? Vad du än går igenom – fattigdom, sorg, ohälsa – kom ihåg att det alltid finns någon på denna jord som lider hundra gånger mer. Tänk inte på dig själv som en olycksfågel - det är destruktivt och utestänger Guds allsmäktiga ljus som ständigt söker hjälpa dig...

Titiksha:
Konsten att härda ut mentalt

Ingen känsloyttring eller psykisk tortyr kan påverka dig om sinnet är bortkopplat och förankrat i Guds frid och glädje.

Balanserad uthållighet heter *titiksha* på Sanskrit. Jag har praktiserat detta neutrala sinnestillstånd. Jag har mediterat en hel natt i iskallt vatten, i bitande kyla. Jag har även suttit från morgon till kväll på Indiens glödheta sand. Allt detta har givit mig stor mental styrka. När du har utövat sådan självdisciplin blir ditt sinne oemottagligt för alla störande omständigheter. Om du tror dig inte klara av någonting är ditt sinne en slav. Befria dig själv.

Jag menar inte att du ska vara dumdristig. Försök att gradvis resa dig över tumultet. Vad du behöver är uthållighet. Oavsett ditt problem, ansträng dig till det yttersta för att lösa det och, fram till dess, praktisera *titiksha*. Är inte detta praktisk visdom? Är du ung och stark kan du, allteftersom du stärker din vilja och ditt sinne, utöva strängare metoder av självdisciplin - så som jag gjorde.

Om vintern är i antågande och du tänker att du säkert kommer att bli förkyld, utvecklar du inte mental styrka. Du har redan gett vika för en viss svaghet. När du känner att du är mottaglig för förkylning ska du göra mentalt motstånd: "Ge dig av! Jag följer mitt sunda förnuft och låter inte oro bjuda in sjukdomen genom att försvaga mitt sinne." Detta är den rätta mentala inställningen. Följ ditt hjärta, gör hela tiden ditt bästa - ärligt och uppriktigt men utan ängslan. Oro enbart förlamar dina ansträngningar. Om du gör ditt bästa kommer Gud att sträcka ner Sin hand och hjälpa dig...

Kom ihåg att sinnet inte kan känna smärta såvida det inte godtagit idén om smärta. Sinnet kan inte lida av

Att leva utan rädsla

fattigdom eller något annat om det inte accepterar det obehagliga i själva tillståndet. Jesus blev illa behandlad - hans liv var fyllt av problem, hinder och ovisshet – ändå oroade han sig aldrig. Kom ihåg att du också är ett Guds barn. Du må bli övergiven av alla människor, men Gud kan inte överge dig eftersom Han älskar dig. Du behöver aldrig oroa dig, för Gud skapade dig till Sin oövervinnerliga avbild...

Inse att den Himmelske Faderns oändliga närvaro alltid finns inom dig. Säg till Honom: "I livet och döden, hälsa och sjukdom, oroar jag mig inte min Herre - för jag är Ditt barn för evigt."

LEJONET SOM BLEV ETT FÅR

En återberättelse av en Indisk folksaga

Det var en gång en väldig lejoninna, dräktig och halvt utsvulten. I takt med att dagarna gick och lejonungen blev tyngre inuti henne, fick hon allt svårare att röra sig i sin jakt på byte. Även när lejonhonan lyckades smyga upp nära ett djur, var hon inte tillräckligt snabb till attack och misslyckades därför varje gång.

Sorgset rytande, tung och plågad av hunger, strövade lejoninnan omkring i skogen tills hon slutligen somnade i skuggan av en träddunge bredvid en äng. Medan hon slumrade började hon drömma om en betande fårhjord. I ett försök att kasta sig över ett av "drömfåren" ryckte hon till, vaknade och upptäckte en stor fårflock som betade i närheten.

Överväldigad av glädje, glömsk av lejonungen hon bar inom sig och driven av hungerns vansinne, kastade

Att leva utan rädsla

hon sig över ett litet lamm och försvann tillbaka in i djungeln. Lejonhonan insåg inte att hon under kraftansträngningen av sitt väldiga språng hade fött sin unge.

Fåren var förlamade av skräck. Men när lejonhonan gett sig av och paniken lagt sig, vaknade de upp ur sitt omtöcknade tillstånd och upptäckte att lammet var borta. Medan flocken, på fårspråk, bräkte ut sin klagan upptäckte de till sin stora förvåning den hjälplösa, jamande lilla lejonungen mitt ibland dem. En av tackorna förbarmade sig över ungen och adopterade den som sin egen.

Åren gick och det föräldralösa lejonet - nu en mogen best med lång man och svans - strövade med flocken och uppförde sig precis som ett får. Bräkande i stället för rytande, gräsätande istället för köttätande, hade det strikt vegetariskt inriktade lejonet förvandlat sig själv till att bli lika svagt och undergivet som ett får.

Så en dag hände det sig att ett annat lejon strövade fram ur den närbelägna skogen och till sin förtjusning fick se flocken av får. Upphetsad och driven av hunger

Lejonet som blev ett får

förföljde det starka lejonet den flyende fårhjorden. Till sin förvåning lade han plötsligt märke till det stora får-lejonet som i högsta fart och med svansen i vädret, flydde i täten av fårskocken.

Det jagande lejonet stannade upp ett ögonblick, viftade häpet på svansen och funderade: "Jag kan förstå att fåren flyr ifrån mig, men inte varför ett stort och starkt lejon gör det. Nu blir jag nyfiken." Fast besluten att hinna ifatt lejonet ökade han farten och kastade sig över den flyende besten. Får-lejonet svimmade av rädsla. Det första lejonet blev än mer förundrat, daskade till honom så att han vaknade och väste med hes stämma: "Vakna! Vad är det för fel? Varför flyr du från en lejon-broder?"

Får-lejonet slöt ögonen och bräkte på fårspråk: "Snälla, låt mig gå. Döda mig inte! Jag är bara ett stackars ynkligt litet får som övergivits av sin flock."

"Aha! Nu förstår jag varför du bräker", sa hans tillfångatagare. Han funderade ett ögonblick, sedan bet han tag i får-lejonets man och släpade honom till en sjö i närheten. När de nådde strandkanten knuffade han ut den vilseledda varelsen i vattnet och skakade honom våldsamt. "Vad är det med dig?" röt han. "Öppna ögonen och se att du inte är ett får."

"Bä, bä, bä! Döda mig inte. Låt mig gå! Jag är inget lejon utan bara ett stackars ynkligt får", tjöt det dumma djuret och knep ihop ögonen. Det första lejonet, som nu var ordentligt uppretat, ruskade om sin fånge än mer. Får-lejonet öppnade då ögonen och upptäckte till sin förvåning att vattnet inte reflekterade ett fårhuvud. Och så hörde han en röst tala på lejonspråk: "Se på mitt ansikte och ditt ansikte som reflekteras i vattnet. De är likadana. Och min röst ryter, den bräker inte. Du ska ryta!"

Får-lejonet, som nu äntligen var övertygat, lyckades först bara frambringa ett bräk-rytande. Men med hjälp av lite örfilar och instruktioner från sin nya vän lyckades han till slut ryta ordentligt. Därefter sprang de båda lejonen tillsammans bort över fälten...

Ovan nämnda berättelse illustrerar träffande hur de flesta av oss, trots att vi skapats till den allsmäktiga avbilden av Universums Gudomliga Lejon, bara minns

Lejonet som blev ett får

hur vi fötts och uppfostrats i fårfållan av mänsklig svaghet. Sålunda bräker vi av rädsla inför sjukdomens, bristens, sorgens och dödens rovdjur - när vi istället borde ryta av odödlighet och kraft och jaga bort förgänglighetens okunskap och illusion.

JAGETS OKUVLIGA LEJON

Jag upptäckte att jag, en unge av det Gudomliga Lejonet, var fångad i en fårfålla av svaghet och begränsningar. Fylld av skräck efter ett långt liv bland fåren, bräkte jag dag ut och dag in. Jag hade glömt mitt fruktansvärda vrål som förvisar all fientlig sorg.

O, Jagets Okuvliga Lejon! Du släpade mig till meditationens vattenhål och sade: "Du är ett lejon, ej ett får! Öppna dina ögon och ryt!"

Efter Din omskakande andliga uppmaning blickade jag ned i den kristallklara fridens källa. Och se, jag skådade mitt ansikte som Ditt!

Jag vet nu att jag är ett lejon av kosmisk kraft. Bräka skall jag aldrig mer. Jag låter den förvillande skogen skaka till ekot av Din allsmäktiga stämma. I Gudomlig frihet dansar jag genom djungeln av jordisk villfarelse, slukar de små varelserna av förtretliga bekymmer och ängslan och de vilda hyenorna av tvivel.

Jagets okuvliga lejon

O, Befrielsens Lejon, sänd för evigt genom mig Ditt rytande av oövervinnerligt mod!

– ur *Whispers from Eternity*

VÄGEN TILL BESTÅENDE MOD: UPPLEV DIN ODÖDLIGHET GENOM MEDITATION

Har du någonsin känt dig fullkomligt omkullkastad av omständigheterna – tilltufsad, nedbruten, piskad, kraftlös? Slå bort dessa tankar! Du har kraft, men du använder den inte. Du har all den styrka du behöver. Det finns inget större än sinnets kraft.

Hur viktigt är det inte att analysera sitt beteende. Somliga människor är fyllda av rädsla, de har gjort det till en kronisk vana. De ger ständigt näring åt denna känsla och därför är deras dagar fyllda av bekymmer och oro. Var finns logiken i det? Vi ska alla dö en dag. Det händer bara en gång och när det händer är det hela över. Så varför vara rädd? Varför dö varje dag av rädsla? När du lär dig tänka klart upptäcker du att många av

Vägen till bestående mod

dina dagliga reaktioner och handlingar är dåraktiga. Den hopplöshet de skapar är totalt meningslös.

———•·•———

Sanningen är att människans ego förkroppsligas till en speciell personlighet och form endast en gång. Men även om egot successivt avkläder sig de individuella dragen från sina inkarnationer, bär det ändå - i sitt undermedvetna - med sig sina upplevelser av välbehag och våndor från alla tidigare liv. Varje människa känner inom sig många dolda rädslor, rotade i mörka upplevelser från sedan länge bortglömda liv.

De som tillbringar sina jordiska vistelser med att reagera känslomässigt på livets ändlösa drömsekvenser, fortsätter att se omskakande bilder av död och nya inkarnationer... Genom djup *samadhi* meditation utrotas de spöken som hemsöker människan i form av oförklarliga rädslor.

———•·•———

Befria ditt sinne från alla små vanor som ständigt binder dig till den materiella världen. Le det där tidlösa leendet – Guds leende. Le det där starka leendet av lugn bekymmerslöshet – det där strålande leendet som ingen kan ta ifrån dig... Lev varje sekund i medvetenhet om din förbindelse med det Oändliga.

———•———

Insikten om att all tanke-, tal-, känslo- och handlingskraft kommer från Gud och att Han alltid är med, inspirerar och leder oss, ger en omedelbar befrielse från nervositet. Med denna insikt följer glimtar av gudomlig glädje. Ibland genomsyras hela ens varelse av ett ljus som utplånar själva begreppet rädsla. Som en ocean sveper Guds kraft in. Den strömmar genom hjärtat likt en renande flod och tar bort alla hinder av bedrägligt tvivel, nervositet och rädsla. Materians villfarelse, upplevelsen av att enbart vara en dödlig kropp, försvinner i kontakten med Andens klara lugn - vilket uppnås genom daglig meditation. Då inser du att kroppen är en liten droppe av energi i Hans kosmiska hav.

———•———

Gud gjorde oss till änglar av energi inneslutna i fast materia, med livets växelström lysande genom den fysiska glödlampskroppen. Men vi koncentrerar oss endast på lampans bräcklighet och skörhet och har helt glömt bort hur vi, i den föränderliga kroppen, kan känna de oförstörbara egenskaperna hos den eviga livsenergin.

———•———

Du bara drömmer att du har en kropp av kött och blod. Ditt verkliga jag är ljus och medvetande. Du är inte den fysiska kroppen. Att den är synlig förvillar vårt materiella medvetande. Om du odlar supermedvetande – kännedomen om ditt verkliga jag, själen – inser du att kroppen enbart är en projektion av det osynliga, inre jaget. Då kan du göra vad som helst med kroppen. Men: Försök inte att gå på vatten riktigt än!

———•———

Religiös kraftansträngning krävs för att omvandla vårt medvetande från dess tro på en dödlig och förgänglig kropp, till insikten om att "solitt" kött består av odödlig, oförstörbar energi vilken "frysts ned" till mänsklig form. Den formen upprätthålls av Guds intelligenta Kosmiska Energi inom och runt omkring oss ...

Ren energi kan inte skadas av bilolyckor, reumatism, blindtarmsinflammationer, cancer eller tuberkulos. Inte heller kan den genomborras av svärd, kulor eller brännas av eld. Vi behöver praktisk religion som gör oss medvetna om oss själva som själar - inneslutna i kroppar av lysande, evig energi.

———•◆•———

Rikta uppmärksamhetens spotlight inåt- bort från den begränsade, synliga människan. Den fysiska kroppen har ryggont och magvärk och den förfaller med åldern. Det är ett otäckt litet djur som alltid skriker och gnäller över något! Den synliga människan klarar inte en tuff motgång och krymper till och med av ett litet nålstick. Den osynliga människan däremot, förblir oskadd. Hon är fri. Hon kan förvisa den fysiska kroppens alla problem. Den osynliga, inre människan, är vad du är. "Den Ende, vilken genomsyrar alla ting, är oförgänglig. Ingenting har makt att förstöra denna Oföränderliga Ande."[8]

Du tror felaktigt att du är din kropp. En isbit kan smältas till vätska och sedan fås att försvinna genom avdunstning. Processen kan kastas om, ångan kondenseras till vätska och vätskan återigen frysas till fast is. Den vanliga människan har ännu inte lärt sig att utföra liknande transformation av sin kropps atomer, men Kristus visade att det var möjligt...

Vi närmar oss den evolutionära period då vi allt mer ska inse att vi verkligen är osynliga varelser, eller själar. Att endast leva i medvetenhet om denna synliga kropp av kött och blod är andligt hämmande - eftersom kroppen är föremål för lidanden såsom sjukdom, skador, fattigdom, hunger och död. Vi borde inte tänka på oss själva som denna synliga, sårbara och förgängliga kropp. Den osynliga människan inom oss kan varken skadas eller dödas. Borde vi inte desto mer sträva efter att förstå vår okända, odödliga natur? Genom ökad kunskap om detta osynliga jag kommer

---

[8] Bhagavad Gita II:17.

vi att, liksom de stora mästarna, kunna kontrollera den synliga människan. Även när den synliga människan är i nöd, kan den som är medveten om den osynliga inre människans gudomliga krafter, förbli separerad från fysiskt lidande.

Hur kan du uppnå sådan kontroll? Först måste du lära dig att leva mer i tystnad: Du måste lära dig att meditera. Det kan först verka ointressant. Du har levt i så nära kontakt med den synliga kroppen att det är svårt att föreställa sig något annat än dess ändlösa problem, önskemål och krav. Men gör en kraftansträngning. Håll ögonen slutna och upprepa gång på gång: "Jag är skapad till Guds avbild. Mitt liv kan aldrig förstöras. Jag är den eviga, osynliga människan."

Denna osynliga människa är skapad till Guds avbild och är lika fri som Anden. I den synliga människan vilar all världens problem och hinder. Varje gång vi är medvetna om våra kroppar är vi bundna av dess begränsningar. Det är därför de stora mästarna lär oss att sluta ögonen och påminna oss själva, genom meditation

Vägen till bestående mod

över det osynliga jaget, att vi inte är begränsade till vad våra fysiska kroppar kan utföra...

Under meditation blickar du in i mörkret bakom slutna ögon och centrerar uppmärksamheten på själen - det osynliga jaget inom dig. När du, genom de vetenskapliga meditationstekniker du fått av din guru, lär dig kontrollera tankarna och fokusera sinnet inåt, kommer du gradvis utvecklas andligt. Dina meditationer djupnar och ditt osynliga jag, själs-bilden av Gud inom dig, blir verklig. I detta glädjefyllda uppvaknande av Självets Förverkligande blir det begränsade medvetandet om kroppen i stället overkligt. Du vet att du funnit ditt sanna, oövervinnerliga jag och dess enhet med Gud.

Ansträng dig till det yttersta för att nå Gud. Jag talar om praktisk sanning, om sunt förnuft. En filosofi som kommer att ta bort all din medvetenhet om smärta – att inte vara rädd för någonting...

Meditera djupt och hängivet. En dag kommer du vakna upp i extas med Gud och se hur dåraktiga de människor är som tror att de lider. Du, jag och de - vi är alla ren Ande.

———•———

O All-närvarande Beskyddare! När krigsmolnen sänder regn av gas och eld, var då mitt skyddsrum.

I livet och döden, i sjukdom, hunger, pest eller fattigdom - må jag alltid hålla fast vid Dig. Hjälp mig inse att jag är odödlig Ande - oberörd av barndomens och ungdomens skiftningar, ålderdomens förändring och världens omvälvningar.

- ur *Whispers from Eternity*

FINN EN INRE FÖRVISSNING OM ATT GUD ÄR MED DIG[9]

Uttrycket för tro på sanskrit är underbart uttrycksfullt: *Visvas*. Den vanliga, bokstavliga återgivningen "att andas lätt, ha tillit, vara fri från rädsla", förmedlar dock inte hela innebörden. Sanskrits *svas* syftar på rörelserna i andningen och antyder därmed liv och känsla. *Vi* står för "motsats, förutan". Det vill säga; en människa vars andning, liv och känsla är stilla, kan uppnå en tro född ur intuition. Den kan inte existera hos känslomässigt rastlösa personer. Att odla intuitivt lugn förutsätter blottläggande av det inre livet. När intuitionen utvecklats tillräckligt skänker den omedelbar förståelse av sanningen. Du kan nå denna fantastiska insikt. Meditation är vägen.

[9] Utdrag ur *Journey to Self-Realization* (Paramahansa Yogananda's *Collected Talks and Essays, Volume III*).

Att leva utan rädsla

Meditera med tålamod och uthållighet. I den tilltagande stillheten kommer du att stiga in i riket för själslig intuition. De personer som genom tiderna uppnått upplysning hade tillgång till denna inre värld av Gudsgemenskap. Jesus sa: "När du ber, gå då in i din kammare, stäng dörren och be sedan till din Fader som är i det fördolda. Då skall din Fader som ser i det fördolda, belöna dig."[10] Gå in i Självet, stäng dörren till sinnena och deras inblandning i den rastlösa världen och Gud kommer att uppenbara alla Sina under.

Lever du i medvetenhet om att du är Hans barn och att Han är din Fader - och bestämmer dig för att göra ditt bästa med fast beslutsamhet - kommer, trots alla hinder och begångna misstag, Hans makt att vara där och hjälpa dig. Jag lever enligt den lagen...

I San Francisco (år 1925) med endast två hundra dollar på banken, skulle jag just till att påbörja en serie föreläsningar. Jag hade inte ens tillräckligt för att

[10] Matteus 6:6.

Finn en inre förvissning om att Gud är med dig

komma igång och många stora räkningar skulle betalas. Jag sa: "Gud är med mig. Han har gett mig det här problemet och Han kommer ta hand om mig. Jag uträttar Hans arbete och jag vet att Han hjälper mig." Om hela världen överger dig men du *vet* att Han är med dig, kommer Hans lagar att göra underverk för dig.

När jag berättade för min sekreterare hur mycket vi hade på banken föll han bokstavligen till marken. Jag sa: "Res dig." Han skakade: "Vi kommer att hamna i fängelse för de obetalda räkningarna!" Jag sa: "Vi kommer inte att hamna i fängelse. Inom sju dagar har vi alla pengar vi behöver för kampanjen."

Han var en Thomas tvivlare, men jag hade tillit. Jag behövde inte pengar för egen räkning utan för att sprida Guds arbete. Jag kände ingen rädsla, inte ens inför den enorma vidden av mina problem. Rädslan fruktar mig. Vad finns det att vara rädd för? Ingenting ska kunna göra dig rädd. Möt alla problem med tillit till Gud och du kommer att segra.

Att leva utan rädsla

Bhagavad Gita säger: "Med hjärtat införlivat i Mig och genom Min nåd, skall du övervinna alla hinder."[11] Och kan ni tänka er! Jag gick förbi Palace Hotel när en äldre dam kom fram till mig och sa: "Får jag tala med er?" Vi utbytte några ord och plötsligt sa hon: "Jag har pengar att göra av med. Kan jag hjälpa er?"

Jag svarade: "Jag behöver inte era pengar. Varför erbjuda pengar till mig som ni inte ens känner?"

Hon invände: "Men jag känner er visst. Jag har hört så mycket om er." Och just där och då skrev hon ut en check på 27.000 dollar. I detta såg jag Guds hand...

Jag lever i tron på Gud. Min kraft är Gud. Jag tror inte på någon annan makt. När jag koncentrerar mig på den Kraften så verkar den genom mig... Denna Gudskraft finns också i dig. Om du har tillit och förstår att välstånd inte kommer från materiella källor utan från Gud, ska du se att det är så.

Gud säger inte att du inte ska tänka själv, inte heller att du ska nonchalera din initiativförmåga. Du måste

[11] Bhagavad Gita XVIII:58.

Finn en inre förvissning om att Gud är med dig

göra din del. Poängen är den att om du utestänger dig från Källan genom felaktiga handlingar och önskningar - och genom brist på tillit och Gudsgemenskap - då är du inte mottaglig för Hans allsmäktiga hjälp. Men om du vägleds genom intoning med Gud, kommer Han hjälpa dig att göra rätt och undvika misstag.

Börja med djup och regelbunden meditation morgon och kväll. Ju mer du mediterar, desto starkare kommer du uppleva att det finns Något bakom kungariket av vanligt medvetande - ett Något där en ofantlig och glädjefylld stillhet regerar. Träna på att känna denna närvaro av frid och lycka, det är det första beviset på Gudskontakt. Detta är vad du behöver: den medvetna, inre insikten om Sanningen.

Det är så man tillber Sanningen, för vi kan endast vörda det vi har insikt om. De flesta ber till Gud som Något ogripbart men när du, genom din egen inre upplevelse, börjar tillbe Honom som verklig kommer du allt mer att känna Hans krafts närvaro i ditt liv. Ingenting annat kan framkalla den Gudskontakt som kommer ur djup meditation. Intensiv ansträngning för att öka den inre stillhet och lycka som föds ur meditation, är enda vägen till att förverkliga Gud.

Bästa tidpunkten för bön om vägledning är efter att du mediterat och känt den där inre stillheten och glädjen - då har du gudomlig kontakt. Om du har en önskan kan du lägga fram den inför Gud och fråga om bönen är berättigad. Om du inombords känner att din önskan är rimlig, be då: "Herre, Du vet att detta är min önskan. Jag ska fundera, jag ska vara kreativ, jag kommer göra det som krävs. Allt jag ber Dig om är att Du leder min vilja och kreativa förmåga till att göra det som är rätt."

Var rättvis mot Gud. Kanske har Han något i åtanke som är bättre än det du ber om. Faktum är att ibland kan dina mest intensiva böner och önskningar vara dina värsta fiender. Tala uppriktigt och rättframt med Gud och låt Honom besluta vad som är rätt för dig. Om du är mottaglig kommer Han att leda och arbeta med dig. Var inte rädd, även om du begår misstag. Ha förtröstan. Vet att Gud är med dig. Låt den Kraften leda

Finn en inre förvissning om att Gud är med dig

dig i allt. Den är osviklig. Denna sanning är giltig för var och en av er.

ORÄDDHET INNEBÄR TILLIT TILL GUD

Oräddhet är den ointagliga klippa på vilken det andliga livets hus måste byggas. Oräddhet betyder tillit till Gud - tillit till Hans beskydd, Hans rättvisa, Hans visdom, Hans nåd, Hans kärlek, Hans all-närvaro...

Rädsla berövar människan hennes själs okuvlighet. När Naturens harmoniska funktioner - som härstammar från den inre, gudomliga kraften - påverkas av rädsla, uppstår både fysiska, mentala och andliga störningar. Extrem skräck kan till och med stoppa hjärtat och medföra plötslig död. Långvariga ångesttillstånd förorsakar psykologiska besvär och kronisk nervositet.

Rädsla binder sinnet och hjärtat (känslan) till den yttre människan och får medvetandet att identifiera sig med mental eller kroppslig nervositet. Därigenom hålls själen fokuserad på egot, kroppen och föremålen för

Oräddhet innebär tillit till Gud

rädslan. Den sanne sökaren bör avfärda alla tvivel och inse att de är stötestenar som förhindrar hans koncentration på själens orubbliga frid...

Döden är kanske det ultimata testet på tron hos den förgängliga människan. Att känna rädsla för denna oundvikliga händelse är dåraktigt. Den kommer bara en gång i livet och efteråt är upplevelsen över, utan att ha påverkat vår sanna identitet eller på något annat sätt ha förminskat vår verkliga existens.

Sjukdom är en annan stridshandske, kastad vid tillitens fötter. Den sjuke bör efter bästa förmåga, först försöka bli kvitt sin åkomma. Därefter ska han, även om läkarna anser allt hopp vara ute, förbli lugn och samlad - för rädsla sluter tillitens ögon inför den allsmäktiga, barmhärtiga Gudomliga Närvaron. I stället för att låta ängslan ta över, bör han affirmera: "Jag är för alltid trygg i fästningen av Din kärleksfulla omsorg." En orädd sökare som dukar under för en obotlig sjukdom, koncentrerar sig på Gud och gör sig redo att bli fri och färdas från kroppens fängelse till ett underbart "efter-detta-liv" i astralvärlden. Därigenom avancerar han närmare målet för den yttersta befrielsen i sitt nästkommande liv. En människa som dör fylld av skräck - som i förtvivlan övergivit sin Gudstro och minnet av sin odödliga natur, bär med sig det dystra mönstret av fruktan och svaghet in i nästa inkarnation. Denna prägling kan mycket väl komma att dra till sig liknande katastrofer, som fortsättning på en karmisk läxa hon ännu inte lärt sig. Den djärve sökaren däremot, vinner kriget för frihet även om han förlorar striden mot döden. Alla människor är ämnade att nå insikten om att själs-medvetandet kan triumfera över varje yttre katastrof.

När undermedvetna rädslor upprepade gånger tar över sinnet, trots ett starkt mentalt motstånd, är det en indikation på ett djupt rotat karmiskt mönster. Sökaren måste då anstränga sig än mer för att ingjuta tankar av mod i sitt medvetna sinne. Vidare, och viktigast av allt, bör han överlämna sig fullständigt i Guds trygga händer. Att vara redo för Självets förverkligande kräver att människan är orädd.

Den högsta tilliten:
Frimodigt överlämnande till Gud

Livet, dess innehåll och syfte, är en gåta - svår men inte olöslig. Med vårt progressiva tänkande löser vi dagligen några av dess hemligheter... Men trots alla våra apparater, strategier och innovationer tycks vi fortfarande vara leksaker i händerna på ödet. Vi har lång väg att gå innan vi kan göra oss fria från naturens herravälde.

Att ständigt vara utlämnad till naturens nycker är väl ändå inte frihet. Våra entusiastiska sinnen övermannas bryskt av hjälplöshet när vi faller offer för översvämningar, tornados och jordbävningar. Eller när, till synes utan rim och reson, en sjukdom eller olycka rycker ifrån oss dem vi älskar. Det är då vi förstår att vi har mycket kvar att övervinna. Trots alla våra ansträngningar att forma livet efter våra önskemål kommer vissa förutsättningar på denna planet alltid att finnas kvar - eviga och styrda av en okänd Intelligens som verkar oberoende av vår vilja. Tillstånd som undgår vår kontroll... Med alla våra övertygelser måste vi ändå fortsätta att foga oss i en osäker tillvaro...

Att leva utan rädsla

Därav kommer nödvändigheten av en frimodig tillit till vårt sanna, odödliga Själv och till den Högsta Gudomen - till vars avbild detta Själv är skapat. En tro som agerar utan egoism och glatt strävar framåt, utan att känna någon ångest eller begränsning.

Träna på totalt, frimodigt överlämnande till denna Högre Makt. Strunta i att du i dag fattar beslutet att vara fri och oförskräckt, men imorgon blir förkyld och bedrövligt sjuk. Låt dig inte försvagas! Befall ditt medvetande att förbli orubbligt i sin tillit. Självet kan aldrig smittas av sjukdom. Kroppsliga krämpor når dig genom lagen om självskapade vanor av ohälsa, vilka finns lagrade i ditt undermedvetna. Sådana karmiska manifestationer motbevisar inte trons effektivitet och dynamiska kraft.

Håll stadigt fast i trons roder och bry dig inte om de olyckliga omständigheternas våldsamma vågor. Var mer ursinnig än motgångens raseri och djärvare än alla dina hotbilder. Ju mer denna nyfunna tro får kasta sitt dynamiska inflytande över dig, desto mer kommer ditt slaveri inför svagheten att avta.

Oräddhet innebär tillit till Gud

Ingen enda blodkropp kan röra sig, inte heller kan ett andetag nå in i dina näsborrar utan Herrens befallning. Följaktligen bygger tro på ett absolut överlämnande till Gud. Detta överlämnande handlar inte om lathet, en förväntan att Gud ska uträtta allt för dig - du måste också själv göra ditt yttersta för att nå önskat resultat - snarare handlar det om kärlek till Gud och vördnad inför Hans suveränitet.

———•———

Mitt arbete är fullbordat när jag i dig har tänt, om så endast en liten gnista av den kärlek jag känner för min Fader. [I min ungdom] tog det lång tid att bli bekant med Honom. Det kändes som om jag i detta liv, på grund av mitt rastlösa sinne, aldrig skulle lyckas. Men lika ofta som sinnet försökte lura mig att överge min meditation, lika ofta brukade jag lura sinnet: "Jag tänker sitta här, oavsett vilka oljud eller andra distraktioner som dyker upp. Jag struntar i om det tar död på mig, jag tänker fortsätta till slutet." När jag framhärdade så här uppenbarades då och då en glimt av den Gudomliga Anden. Som en gnista, så

Att leva utan rädsla

nära och ändå så avlägsen, dök den upp innan den återigen fladdrade bort. Men jag förblev orubblig. Och som jag väntade! Med oändlig beslutsamhet i den osynliga tystnaden. Ju djupare min koncentration blev, desto tydligare och starkare blev Hans försäkran. Nu är Han alltid med mig.

Välsignad är du som hör det gudomliga budskapet, Andens budskap, budskapet som löser universums mysterium. Vad har du att frukta? Kasta ut all rädsla! När du vidrört Andens Stora Kraft, vilken kontrollerar själva skapelsen - detta universums hela maskineri - finns inte längre någonting att vara rädd för. Vilka förhoppningar kan vara högre, vilka försäkringar kan vara större, än dem du får i kontakten med det Oändliga Väsen som är den innersta kärnan i allt existerande?...

Han är den enda hamn som skänker trygghet för denna världens stormar. "Sök skydd hos Honom med hela ditt ivriga hjärta. Genom Hans nåd skall du förvärva den största friden och den Eviga

Oräddhet innebär tillit till Gud

Tillflyktsorten."[12] I Honom har jag funnit glädjen i mitt liv, den obeskrivliga välsignelsen av att finnas till och den underbara insikten om Hans all-närvaro djupt inom mig. Jag vill att ni alla ska få uppleva detta.

---

[12] Bhagavad Gita XVIII:62.

EPILOG

"Stå orubblig mitt i kraschen av sammanstörtande världar"

I takt med tidens gång måste du slutligen inse att du är en del av Gud. Gör Förverkligandet av Honom till ditt mål. Mahavatar Babaji sa att även om du gör endast en liten del av denna *dharma* – renhjärtade handlingar, sökande efter att lära känna Gud – kommer det att förskona dig från svår rädsla.[13]

Förebådandet om vår död, misslyckanden eller andra hemska problem, väcker bävan hos människan. När du inte kan hjälpa dig själv, när varken din familj eller någon annan kan bistå dig - vilket är då ditt sinnestillstånd? Varför tillåta dig att hamna i en sådan situation? Finn Gud och förankra dig i Honom.

---

[13] En omskrivning från Bhagavad Gita, II:40. Mahavatar Babaji, den förste i en rad av Gudsupplysta Mästare bakom Paramahansa Yogananda, citerade ofta denna vers när han hänvisade till Kriya Yoga.

Epilog

Innan någon annan var hos dig, vem var då där? Gud. Och när du lämnar denna jord, vem kommer då att vara hos dig? Endast Gud. Men du kommer inte att kunna uppleva Honom då, om du inte blir vän med Honom nu. Om du djupt inom dig söker Gud, ska du finna Honom.

———•———

Tiden är inne för dig att lära känna och förstå meningen med religion: hur man kontaktar den högsta Glädjen, vilket är Gud - den stora och eviga Tröstaren. Om du kan finna denna Glädje och oavbrutet håller fast vid den kommer du att, vad som än händer i ditt liv, stå orubblig mitt i kraschen av sammanstörtande världar.

———•———

Var inte rädd för någonting. Även när du kastas omkring av stormens vågor befinner du dig fortfarande i havets famn. Håll alltid fast vid medvetandet om Guds underliggande närvaro. Behåll ditt jämnmod och säg: "Jag är utan rädsla, jag är skapad av Guds substans.

Att leva utan rädsla

Jag är en gnista av Andens Eld. Jag är en atom av den Kosmiska Lågan. Jag är en cell av Faderns gränslösa, universella kropp. 'Jag och min Fader är Ett.'"

OM FÖRFATTAREN

Paramahansa Yogananda (1893 – 1952) är allmänt ansedd som en av de mest framträdande andliga gestalterna i vår tid. Född i norra Indien kom han till USA 1920 där han under mer än trettio år undervisade i Indiens forntida vetenskap om meditation och konsten att leva ett balanserat andligt liv. Genom sin hyllade livshistoria, *En Yogis Självbiografi,* och många andra skrifter, introducerade Paramahansa Yogananda miljontals läsare till Österns eviga visdom. Idag fortsätter hans andliga och humanitära arbete att bedrivas av Self-Realization Fellowship[1]- den internationella organisation han grundade 1920 med syftet att sprida sina läror över världen. Self-Realization Fellowships nuvarande president och andliga ledare är Brother Chidananda.

Den prisbelönta dokumentären om Paramahansa Yoganandas liv och arbete, A*wake: The Life of Yogananda,* hade premiär i oktober 2014.

---

[1] Bokstavligen "Samfundet för Självförverkligande". Paramahansa Yogananda förklarade att namnet Self-Realization Fellowship står för "Gemenskap med Gud genom förverkligande av Självet samt vänskap med alla sanningssökande själar".

YTTERLIGARE INFORMATION OM PARAMAHANSA YOGANANDAS UNDERVISNING I KRIYA YOGA

Self-Realization Fellowship är en organisation, dedikerad till att bistå sökare över hela världen. För mer information beträffande vår årliga serie av offentliga föredrag och kurser, meditationer och inspirerande gudstjänster i våra tempel och center runt om i världen, schema för retreater och andra aktiviteter - vänligen besök vår hemsida eller vårt Internationella Huvudkontor:

www.yogananda.org

Self-Realization Fellowship
3880 San Rafael Avenue
Los Angeles, CA 90065-3219
+1 (323) 225-2471

SELF-REALIZATION FELLOWSHIPS LEKTIONER

Paramahansa Yoganandas personliga vägledning och instruktioner till yogateknikerna för meditation samt principerna för ett andligt liv.

Om du känner dig dragen till Paramahansa Yoganandas andliga undervisning är du välkommen att registrera dig för *Self-Realization Fellowships Lektioner*.

Paramahansa Yogananda startade denna serie av hemstudier med avsikt att ge uppriktiga sökare möjlighet att lära sig och praktisera de forntida yoga-tekniker för meditation som han förde med sig till Väst - inklusive vetenskapen om Kriya Yoga. Lektionerna presenterar också hans praktiska vägledning till hur man uppnår ett balanserat fysiskt, mentalt och andligt välbefinnande.

Self-Realization Fellowships Lektioner är tillgängliga för en symbolisk summa som täcker tryck- och fraktkostnader. Alla studenter ges - av Self-Realization

Fellowships munkar och nunnor - kostnadsfri personlig vägledning i sin utövning.

För mer information...

Vänligen besök www.srflessons.org för att beställa ett omfattande kostnadsfritt informationspaket:

Self-Realization Fellowship
3880 San Rafael Avenue
Los Angeles, CA 90065-3219
Phone +1(323) 225-2471
Fax +1(323) 225-5088

www.yogananda.org

Också utgiven av Self-Realization Fellowship...

EN YOGIS SJÄLVBIOGRAFI
Av Paramahansa Yogananda

Denna fascinerande självbiografi är en slående berättelse om ett unikt liv och ger samtidigt en skarpsinnig och oförglömlig insyn i den mänskliga existensens yttersta mysterier. Hyllad som ett epokgörande verk inom andlig litteratur, förblir den en av de mest lästa och respekterade böcker om Österns visdom som någonsin publicerats.

Med engagerande uppriktighet, vältalighet och kvickhet tecknar Paramahansa Yogananda denna inspirerande krönika om sitt liv – upplevelserna under sin anmärkningsvärda barndom, de många mötena med Indiens helgon och visa män under sitt ungdomliga sökande efter en upplyst lärare, de tio åren av träning i en vördad yogamästares ashram samt de trettio år som han levde och undervisade i Amerika. Han beskriver också sina möten med Mahatma Gandhi, Rabindranath Tagore, Luther Burbank, den katolska stigmatikern

Therese Neumann samt andra ryktbara, andliga personligheter i Öst och Väst. Boken innehåller även ett omfattande material som lagts till efter den första utgåvan 1946, samt ett avslutande kapitel om de sista åren av hans liv.

En Yogis Självbiografi betraktas som en modern, andlig klassiker och erbjuder en djupgående introduktion till den forntida vetenskapen om yoga. Boken har översatts till många språk och används flitigt i högskole- och universitetsutbildningar - en ständig bästsäljare som funnit sin väg in i miljontals läsares hjärtan världen över.

———•———

"En sällsynt berättelse."

– The New York Times

"En fascinerande och tydligt kommenterad studie."

– Newsweek

"Det har aldrig tidigare funnits någon presentation av yoga som denna, vare sig på engelska eller något annat europeiskt språk."

– Columbia University Press

SVENSKA PUBLIKATIONER FRÅN SELF-REALIZATION FELLOWSHIP

*Tillgängliga hos www.srfbooks.org
eller andra nätbokhandlare*

En Yogis Självbiografi

Hur du kan samtala med Gud

Lagen om framgång

Metafysiska Meditationer

Vetenskapliga helande affirmationer

Att leva utan rädsla

Ord på vägen

Relationen Guru - Lärjunge

ENGELSKA BÖCKER AV PARAMAHANSA YOGANANDA

Autobiography of a Yogi

God Talks With Arjuna: The Bhagavad Gita
A New Translation and Commentary

The Second Coming of Christ:
The Resurrection of the Christ Within You
A Revelatory Commentary on the Original Teachings of Jesus

The Yoga of the Bhagavad Gita

The Yoga of Jesus

The Collected Talks and Essays
Volume I: **Man's Eternal Quest**

Volume II: **The Divine Romance**

Volume III: **Journey to Self-realization**

Volume: IV: **Solving the Mystery of Life**

Wine of the Mystic:
The Rubaiyat *of Omar Khayyam*
—A Spiritual Interpretation

The Science of Religion

Whispers from Eternity

Songs of the Soul

Sayings of Paramahansa Yogananda

Scientific Healing Affirmations

Where There Is Light
Insight and Inspiration for Meeting Life's Challenges

In the Sanctuary of the Soul:
A Guide to Effective Prayer

Inner Peace:
How to Be Calmly Active and Actively Calm

Living Fearlessly
Bringing Out Your Inner Soul Strength

How You Can Talk With God

Metaphysical Meditations

The Law of Success

To Be Victorious in Life

Why God Permits Evil and How to Rise Above It

Cosmic Chants

LJUDINSPELNINGAR MED PARAMAHANSA YOGANANDA

Beholding the One in All

The Great Light of God

Songs of My Heart

To Make Heaven on Earth

Removing All Sorrow and Suffering

Follow the Path of Christ, Krishna, and the Masters

Awake in the Cosmic Dream

Be a Smile Millionaire

One Life Versus Reincarnation

In the Glory of the Spirit

Self-Realization: The Inner and the Outer Path

ÖVRIGA PUBLIKATIONER FRÅN SELF-REALIZATION FELLOWSHIP

The Holy Science
Swami Sri Yukteswar

Only Love:
Living the Spiritual Life in a Changing World
Sri Daya Mata

Finding the Joy Within You:
Personal Counsel for God-Centered Living
Sri Daya Mata

Intuition:
Soul Guidance for Life's Decisions
Sri Daya Mata

God Alone:
The Life and Letters of a Saint
Sri Gyanamata

"Mejda":
The Family and the Early Life of Paramahansa Yogananda
Sananda Lal Ghosh

Self-Realization
(tidningsmagasin grundat av
Paramahansa Yogananda år 1925)

DVD VIDEO

Awake: The Life of Yogananda
En film av CounterPoint Films

*En komplett katalog innehållande böcker och ljud/
videoinspelningar — inklusive sällsynta arkivinspelningar
med Paramahansa Yogananda — finns tillgänglig hos
www.srfbooks.org.*

Self-Realization Fellowship
3880 San Rafael Avenue • Los Angeles, CA 90065-3219
Phone +1 (323) 225-2471 • Fax +1 (323) 225-5088

www.yogananda.org

www.ingramcontent.com/pod-product-compliance
Lightning Source LLC
Chambersburg PA
CBHW031413040426
42444CB00005B/543